Stephanie Blake, geboren 1968 in Northfield, Minnesota, USA, lebt seit vielen Jahren als Autorin zahlreicher Bilderbücher in Paris. Bisher erschienen von ihr auf Deutsch die Simon-Bilderbücher *Pipikack*, *Ich will Nudeln!* und *Simon Superhase*.

1. Auflage, 2015
© 2015 Moritz Verlag, Frankfurt am Main
Alle deutschsprachigen Rechte vorbehalten
Die französische Originalausgabe erschien 2006
unter dem Titel *Bébé Cadum*®
© 2006 l'école des loisirs, Paris
Druck: Pollina, Luçon
Printed in France
ISBN 978 3 89565 292 9
www.moritzverlag.de

Stephanie Blake

BABYFRATZ

Aus dem Französischen von Tobias Scheffel

Moritz Verlag
Frankfurt am Main

Simon hat gerade eine
sehr,
sehr,
sehr
große
Rakete gebaut.

Bradadadumm!
macht
die
Rakete.

»PSSSSST!«,
sagt Simons Mama.
»Du musst
leiser
spielen,
wir haben doch
ein
kleines Baby.«

Simon
schaut bei dem Baby
ins Zimmer
und sagt:
»Geh nach Hause,
du Babyfratz.«

Aber auf einmal gehen Simon **TAUSEND** Gedanken durch den Kopf.

»Wann geht das Baby zurück ins Krankenhaus?«, fragt Simon.
»Also wirklich, Simon, das Baby ist dein kleiner Bruder! Der ist für immer da, das weißt du doch!«

»Für immer?!«
»Ja,
für immer,
mein Häschen.«

»Gute Nacht, mein Häschen«,
sagt seine Mama.
»Gute Nacht, mein Häschen«,
sagt sein Papa.
»Gute Nacht«, antwortet Simon.
»Mama, du hast mir noch
keinen Kuss gegeben.«
»Aber natürlich, mein Häschen.«
»Gib mir noch einen!«,
bettelt Simon.
Also gibt seine Mama ihm
noch einen Kuss
und dann gibt sein Papa ihm auch
noch einen.
Simon macht die Augen zu,
aber er kann nicht
einschlafen.
Er liegt lange wach …

Dann denkt er plötzlich
an den Wolf.
An den
großen,
**bösen
Wolf.**
Er denkt an große Wölfe und
an kleine Wölfe,
an Papa-Wölfe und
an Mama-Wölfe,
an Schwester-Wölfe,
an Bruder-Wölfe,
an Baby-Wölfe.
Plötzlich
ist Simon ganz sicher,
dass um ihn herum
Tausende
von Wölfen lauern …

Tausend Millionen
große,
böse
Wölfe,
die Simon fressen wollen.

Simon
rennt
zu seinen Eltern ins Zimmer.
Er steht neben dem Bett –
mucksmäuschenstill.
»Geh wieder schlafen,
mein Häschen«,
sagt sein Papa.
»Ich kann nicht,
in meinem Zimmer sind Wölfe.
Kann ich bei euch schlafen?«,
fragt Simon.
»DAS KOMMT NICHT
IN FRAGE!«

Im Flur hört Simon
komische Geräusche:
So ein
Plapperplapp,
so ein
Killekille,
so ein
Blublublabb
und so ein
Blablablubb.

»**Babyfratz!**«,
sagt Simon.

»Blaglubulidatz Pipikacka Datz«, antwortet Simons kleiner Bruder.

»Komm,
mein kleiner Babyfratz!
Hier kannst du nicht bleiben,
im Haus sind lauter
große,
böse
Wölfe.
Komm,
ich werd' dich beschützen,
mein
kleiner,
kleiner,
kleiner
Babyfratz.«

Und
genau
das
tat
er.